Rezeptübersicht

Pfannengerichte / Bratlinge:

Veggieburger	4
Gemüseschmarrn mit Knoblauchdip	5
Blumenkohlschnitzel mit Rahmkartoffeln	6
Gemüsepuffer mit Tomaten-Joghurtsauce	7
Griechische Zucchini-Küchlein	8

Ofengerichte:

Linsen-Zucchini-Tarte	9
Mediterraner Gemüsekuchen	10
Vegetarisches Pastizio	11
Schneller-Makkaroni-Kuchen	12
Sauerkrautlasagne mit Ananas	13
Pfannkuchenauflauf mit Spinat	14
Hirse-Pizzateig	15
Tomaten-Flammkuchen	16
Schnelle Frühlingsrollen	17
Gefüllte Paprika	18

Nudelgerichte / Kartoffelgerichte:

Zucchini-Mascarpone-Sauce	19
Gemüse-Bolognese	19
Türkische Käsespätzle	20
Älplermagronen	21
Gnocchi à la Ratatouille	22
Kartoffelknödel mit Sonnenblumenkerne	23
Kartoffelcurry m. Pfirsich	24

Reisgerichte:

Vegetarisches Nasi-Goreng	25
Wildreisnuggets auf Gemüsebett	26
Reistaler m. Weinbrandsauce	27
Indische Linsen mit Duftreis	28

Eintöpfe:

Tofu Stroganoff	29
Maghmour - Aubergineneintopf	30
Chili con carne	31

Süßspeisen:

Kirschauflauf	32
Apfelwaffeln mit Kirschsauce	33

Vegetarischer Braten:

Paranussbraten im Blätterteigmantel	34-35

Allgemeine Infos:
(bezogen auf das Rezept, nicht auf die Beilagen)

Glutenfrei   Vegan

Scharf   Kalorienarm

Linksstufe

Veggieburger

4 Personen
(8 Bratlinge)

Zutaten für die Bratlinge:

1	Zwiebel, halbiert
2	Knoblauchzehen
1 EL	Öl
100 g	Karotten, in Stücken
70 g	rote Paprikaschote, in Stücken
2 Dosen	Kichererbsen, gut abgetropft (Abtr.gew. à 265 g)
3 EL	Sesam
2	Eier
1 EL	Senf, mittelscharf
50 g	Semmelbrösel

Gewürze: Salz, Pfeffer, gem. Kreuzkümmel, Cayennepfeffer, gem. Koriander, Curry, Paprikapulver rosenscharf, gehackte Petersilie (je eine gute Prise)

Zubereitung:

- Zwiebel und Knoblauchzehen im Mixtopf **5 Sek./Stufe 5** zerkleinern. Öl zugeben und **TM31: 2 Min./Varoma/Stufe 1 (TM5: 3 Min./120°C/Stufe 1)** dünsten.
- Karotten und Paprika zugeben und **8 Sek./Stufe 5** zerkleinern.
- Kichererbsen, Sesam, Eier, Senf und Gewürze hinzufügen und **1 Min./Stufe 5** pürieren. (Evtl. mit Hilfe des Spatels).
- Semmelbrösel noch zugeben und nochmals **30 Sek./ /Stufe 5** vermengen.
- Aus der Masse Burger formen und in der Pfanne mit Öl goldbraun braten.

Tipp: Die fertigen Bratlinge zusammen mit den Burgerbrötchen im Ofen bei 100°C warm stellen.
Dann haben Sie in Ruhe Zeit die Bratlinge in der Pfanne zu braten und auch die Brötchen sind angewärmt.
Mit Salat, Mayonaise und Ketchup belegen. Wer möchte, kann auch noch eine Scheibe Schmelzkäse drauflegen.

Gemüseschmarrn mit Knoblauchdip

2-3 Personen

Zutaten:

3	Eier
1	kl. Zwiebel
1	Knoblauchzehe
100 g	Champignons
100 g	Karotten, in Stücken
100 g	Zucchini, in Stücken
1 TL	Öl
200 g	Milch
150 g	Mehl
10 g	Parmesan
1 TL	Salz
1 Prise	Pfeffer

Für den Dip:

2	Knoblauchzehen
2 Stiele	Dill
120 g	Sauerrahm
120 g	Naturjoghurt
1 Prise	Salz

Zubereitung:

- Eier trennen. Eiweiß mit Rühraufsatz **2 Min./Stufe 4** steif schlagen. Umfüllen. Mixtopf kurz mit Wasser ausspülen.
- Zwiebel und Knoblauch in den Mixtopf geben und **3 Sek./Stufe 5** zerkleinern.
- Champignons, Karotten und Zucchini zugeben und nochmals **3 Sek./Stufe 5** klein hacken. Öl zugeben und **4 Min./Varoma/Stufe 1** dünsten. Umfüllen.
- Eigelb, Milch, Mehl, Parmesan, Salz und Pfeffer zugeben, **15 Sek./Stufe 5** verrühren.
- Gemüse wieder hinzufügen und **10 Sek./ /Stufe 2** vermengen.
- Eiweiß zugeben und mit dem Spatel unterheben.
- Etwas Öl in einer Pfanne erhitzen. Die Hälfte des Teiges eingießen und auf dem Herd bei mittlerer Hitze goldgelb anbacken. Mit einem Pfannenwender in 4 Teile teilen. Die Teile wenden und auf der anderen Seite ebenfalls goldgelb backen.
- Danach in mundgerechte Stücke zerteilen. Das gleiche mit der 2. Teighälfte wiederholen.

Zubereitung Dip:

- Knoblauchzehen und Dill in den sauberen Mixtopf geben und **4 Sek./Stufe 5** zerkleinern. Restliche Zutaten für den Dip dazu und **20 Sek./Stufe 5** verrühren.

Blumenkohlschnitzel mit Rahmkartoffeln

3-4 Personen

Zutaten:

150 g	Hartkäse, in Stücken
400 g	Wasser
1 TL	Gemüsebrühe
350 g	Blumenkohl, in kleinen Röschen
350 g	Kartoffeln, in mundgerechten Stücken
100 g	Crème fraîche
1 Prise	Salz
1 Prise	Pfeffer
1 Prise	Muskat
1	Ei
20 g	Semmelbrösel
30 g	Haferflocken
100 g	Mehl
1 TL	Senf, mittelscharf

Zubereitung:

- Ofen auf 200°C Ober-/Unterhitze vorheizen.
- Käse in Stücken in den Mixtopf geben und **20 Sek./Stufe 5** reiben. Umfüllen.
- Wasser und Gemüsebrühe in den Mixtopf geben und **3 Min./100°C/Stufe 1** zum Kochen bringen.
- Kartoffeln zugeben, Mixtopf verschließen und Blumenkohl in kleinen Röschen in den Varoma geben und aufsetzen. Nun **10 Min./Varoma/Sanftstufe** garen.
- Kartoffeln in einem Sieb geben, abtropfen lassen und wieder in den Mixtopf geben.
- Crème fraîche, Salz, Pfeffer, Muskat und 20 g vom geriebenen Käse hinzufügen und **10 Sek./ /Stufe 3** vermischen.
- In eine Auflaufform geben, mit dem restlichen Käse (bis auf 2 EL) bestreuen und 10 Min. im Ofen überbacken.
- Blumenkohl, Ei, Semmelbrösel, Haferflocken, Mehl, Senf und 2 EL vom Käse **30 Sek./Stufe 3** mit Hilfe des Spatels vermischen. Die Masse auf einen großen Teller geben und 10 Minuten abkühlen lassen.
- Aus der Masse mit feuchten Händen kleine Schnitzel formen und in einem Teller mit Semmelbrösel von beiden Seiten flach drücken.
- Die Schnitzel in einer Pfanne mit viel Öl goldbraun braten und mit den Kartoffeln servieren.

Gemüsepuffer mit Tomaten-Joghurtsauce

2 Personen

Zutaten:

Für die Puffer:
- 100 g Karotten, in Stücken
- 200 g Zucchini, in Stücken
- 250 g Kartoffeln, in Stücken
- ½ TL Salz
- 1 Ei
- 1 TL Curry
- 1 Prise Pfeffer
- 2-3 EL Mehl

Für die Sauce:
- 2 Tomaten, geviertelt
- 150 g Naturjoghurt
- 50 g Magerquark
- 1 Prise Salz

Zubereitung:

- Alle Zutaten für die Puffer (außer Mehl) in den Mixtopf geben und **5 Sek./Stufe 5** zerkleinern.
- Masse in eine Schüssel umfüllen, Mehl zugeben und verrühren.
  Achtung: Evtl. muss noch etwas mehr Mehl hinzugefügt werden. Die Masse sollte nicht zu wässrig sein.
- Aus der Masse kleine Puffer formen und in einer Pfanne mit heißem Öl goldbraun braten.
- Mixtopf kurz mit Wasser ausspülen.
- Die Zutaten für die Sauce **4 Sek./Stufe 5** vermischen und zu den Puffern servieren.

Variante:
Nach Belieben können Sie den Curry z.B. durch frische Kräuter ersetzen.

Griechische Zucchini-Küchlein

2-3 Personen

Zutaten:

10	Stängel Petersilie
400 g	Zucchini, in Stücken
200 g	Kartoffeln, in Stücken
100 g	Zwiebeln, halbiert
2	Eier
25 g	Paniermehl
50 g	Mehl
1 Prise	Salz
1 Prise	Pfeffer

Für die Beilage:

2	Tomaten, in Würfel
200 g	Feta, in Würfel
2 EL	Olivenöl
1 Prise	Pfeffer

Zubereitung:

- Ofen auf 220°C Heißluft vorheizen.
- Petersilie in den Mixtopf geben und **5 Sek./Stufe 8** klein hacken.
- Zucchini, Kartoffeln und Zwiebeln hinzufügen und **5 Sek./Stufe 5** zerkleinern.
- Restliche Zutaten noch hinzu und alles **4 Sek./ /Stufe 4** (Sollte der Teig zu flüssig sein, einfach noch etwas Mehl oder Paniermehl dazugeben.)
- Zutaten für die Beilage in eine Auflaufform geben, vermischen und für 15 Min. in den Ofen schieben.
- Öl in einer Pfanne erhitzen. Esslöffelweise Teig in die Pfanne geben und die Küchlein auf beiden Seiten goldgelb braten.

Linsen-Zucchini-Tarte

2-3 Personen

Zutaten:

250 g	Zucchini
180 g	Gouda, in Stücken
1	Zwiebel, halbiert
1	Knoblauchzehe
1 EL	Olivenöl
120 g	Rote Linsen
200 g	Wasser
15 g	Tomatenmark
40 g	Haferflocken
40 g	Mehl
1 EL	Zitronensaft
2 TL	Kräuter, nach Wahl
2	Eier
1 EL	Mehl
50 g	Milch
1 TL	Salz
½ TL	Pfeffer

Zubereitung:

- Zucchini mit einem Gurkenhobel in dünne Scheiben hobeln, in den Varoma geben.
- Gouda in den Mixtopf geben und **15 Sek./Stufe 5** fein reiben und umfüllen.
- Zwiebel und Knoblauchzehe in den Mixtopf geben und **3 Sek./Stufe 5** zerkleinern. Öl zugeben und **TM31: 3 Min./Varoma/Stufe 1 (TM5: 4 Min./120°C/Stufe 1)** dünsten.
- Linsen und Wasser zugeben, Varoma mit den Zucchini aufsetzen und **10 Min./Varoma/ /Stufe 1** garen.
- Tomatenmark, Haferflocken, Mehl, Zitronensaft und Kräuter dazugeben und alles **8 Sek./ /Stufe 3** vermischen.
- Eine Tarteform mit der Masse auskleiden und die Zucchinischeiben darauf verteilen.
- Eier, Mehl, Milch, Salz und Pfeffer in den Mixtopf geben und **5 Sek./Stufe 5** verrühren und über die Zucchinischeiben gießen und mit Käse bestreuen.
- Bei 190°C ca. 20-25 Min. backen, bis die Füllung fest ist.

Hinweis:
Die Linsenmasse für den Boden der Tarte sollte fest genug sein, so das sie sich wie ein Teig verarbeiten lässt. Sonst noch mehr Haferflocken oder Mehl zugeben.

Mediterraner Gemüsekuchen

4 Personen

Zutaten:

Für den Teig:
- 250 g Mehl
- 3 TL Backpulver, gestr.
- 130 g Quark
- 85 g Milch
- 40 g Öl
- 1 Prise Salz

Für das Gemüse:
- 250 g Zwiebel, in Stücken
- 250 g Paprika, in Stücken
- 150 g Aubergine, in Stücken
- 150 g Zucchini, in Stücken
- 1 TL Salz
- ½ TL Pfeffer
- 20 g Olivenöl

Für den Guss:
- 50 g Parmesan, in Stücken
- 150 g Gouda, in Stücken
- 2 Eier
- 200 g Frischkäse
- 30 g Milch
- 1 TL Paprikapulver
- 1 TL Oregano
- 1 TL Salz
- ½ TL Pfeffer

Zubereitung:

- Käse für dem Guss in den Mixtopf geben und **10 Sek./Stufe 6** fein reiben und umfüllen.
- Die Zutaten für den Teig in den Mixtopf geben und **30 Sek./Teigstufe** verkneten.
- Den Teig in einer gut gefetteten Springform verteilen und auch einen Rand andrücken.
- Zwiebeln, Paprika, Aubergine und Zucchini in den Mixtopf geben und **5 Sek./Stufe 5** zerkleinern. Salz, Pfeffer und Olivenöl zugeben und **TM31: 6 Min./Varoma/Stufe 1 (TM5: 6 Min./120°C/Stufe 1)** dünsten.
- Das Gemüse in die Springform auf den Teig geben und verteilen.
- Den geriebenen Käse zusammen mit den restlichen Zutaten für den Guss in den Mixtopf geben und **10 Sek./Stufe 4** vermischen.
- Den Guss über den Kuchen gießen und im vorgeheizten Backofen bei 180°C Heißluft ca. 30 Min. backen.

Vegetarisches Pastizio

4 Personen

Zutaten:

Für die Sauce:
- 1 Zwiebel, halbiert
- 1 Knoblauchzehe
- 50 g Karotten, in Stücken
- 1 EL Olivenöl
- 100 g Tofu, fein zerbröselt
- 1 Dose stückige Tomaten (400 g)
- 1 TL Gemüsebrühe
- 1 TL Salz
- ½ TL Oregano
- ½ TL Thymian
- ½ TL Basilikum
- 1 Prise Pfeffer

Restliche Zutaten:
- 180 g Makkaroni (kurze)
- 100 g Soja Sahne
- 100 g Schmand (24 % Fett)
- 1-2 TL Zimt, gem.
- 125 g Mozzarella
- 1 Prise Salz
- 1 Prise Pfeffer
- 1 Prise Paprikapulver, edelsüß
- etwas Milch

Zubereitung:

- Die Makkaroni in einem Topf mit kochendem Salzwasser 4 Min. kochen (sie sollten nur vorgegart sein).
- Zwiebel, Knoblauch und Karotten in den Mixtopf geben und **3 Sek./Stufe 5** zerkleinern. Olivenöl und Tofu zugeben und **TM31: 3 Min./Varoma/Stufe 1 (TM5: 4 Min./120°C/Stufe 1)** anschwitzen.
- Passierte Tomaten, Gemüsebrühe und Gewürze für die Sauce zugeben und **8 Min./Varoma/Stufe 1** kochen lassen.
- Die Sauce in eine Auflaufform geben, die abgetropften Nudeln darauf verteilen und mit Sojasahne begießen.
- Mit dem Schmand bestreichen und dick mit Zimtpulver bestreuen.
- Den Mozzarella in Scheiben schneiden und auf dem Auflauf verteilen.
- Mit Salz, Pfeffer und Paprikapulver bestreuen.
- An den Rändern soviel Milch eingießen, bis der Rand der Nudeln erreicht ist.
- Im vorgeheizten Ofen bei 220°C Heißluft ca. 45 Min. backen.

Schneller Makkaroni-Kuchen

12 Stücke

Zutaten:

1 P.	Blätterteig (Kühlregal)
250 g	kurze Makkaronis
200 g	Gouda, in Stücken
100 g	Erbsen, TK
1 Handvoll	Petersilie
1	Knoblauchzehe
400 g	Schmand
5	Eier
50 g	Sahne
1 TL	Salz
¼ TL	Pfeffer
1 Msp.	Muskat, gem.
8	Kirschtomaten, halbiert

Zubereitung:

- Blätterteig zusammenfalten, so dass ein Quadrat entsteht. Auf einer bemehlten Arbeitsfläche auf die Größe einer Springform ausrollen. Springform mit Backpapier auslegen (oder gut fetten), mit Teig auskleiden und dabei einen 5 cm hohen Rand formen. Den Boden mit einer Gabel mehrmals einstechen.
- Käse in den Mixtopf geben und **15 Sek./Stufe 5** reiben. Umfüllen. Die Hälfte davon auf dem Teigboden verteilen.
- Nudeln in reichlich Salzwasser al dente kochen und danach mit kaltem Wasser abschrecken. Nudeln und Erbsen mischen und auf den Teigboden geben.
- Petersilie und Knoblauch in den Mixtopf geben und **5 Sek./Stufe 6** zerkleinern.
- Schmand, Eier, Sahne und Gewürze zugeben, **1 Min./Stufe 5** mixen und über die Nudeln gießen. Mit Kirschtomaten (Schnittfläche nach oben) belegen und mit restlichem Käse bestreuen.
- Kuchen im vorgeheizten Backofen bei 180°C Umluft ca. 45-50 Min. backen. Nach dem Backen ca. 10 Min. ruhen lassen und dann servieren.

Sauerkrautlasagne mit Ananas

4 Portionen

Zutaten:

200 g	Gouda, in Stücken
1	Zwiebel, halbiert
40 g	Butter
150 g	Porree, in Stücken
1 Dose	Sauerkraut (810 g)
1 Dose	Ananas, in Stücken (560 g)
2 EL	Tomatenmark
1 Prise	Salz
1 Prise	Pfeffer
120 g	Weißwein
200 g	Schmand
200 g	Saure Sahne
Lasagneplatten ohne Vorkochen	

Zubereitung:

- Ofen auf 180°C Heißluft vorheizen.
- Käse in den Mixtopf geben und **15 Sek./Stufe 5** reiben. Umfüllen.
- Zwiebel in den Mixtopf geben und **3 Sek./Stufe 5** zerkleinern.
- Butter dazugeben und **TM31: 2 Min./Varoma/Stufe 1 (TM5: 3 Min./120°C/Stufe 1)** andünsten.
- Porree hinzufügen und weitere **TM31: 2 Min./Varoma/Stufe 1 (TM5: 3 Min./120°C/Stufe 1)** dünsten.
- Sauerkraut, Ananas, Tomatenmark, Salz, Pfeffer und Wein zugeben. **2 Min./Varoma/ /Stufe 2** (ggf. mit Hilfe des Spatels verrühren.)
- Jetzt nochmal **10 Min./Varoma/Stufe 1** fertiggaren.
- Schmand und Saure Sahne **10 Sek./Stufe 3** unterrühren.
- Nun die Lasagneplatten abwechselnd mit der Krautmasse in eine Auflaufform schichten. Die erste und die letzte Schicht sollte aus Krautmasse bestehen.
- Mit Käse bestreuen und im vorgeheizten Backofen ca. 30 Min. backen.

Pfannkuchenauflauf mit Spinat

12 Stücke

Zutaten Pfannkuchenteig:

250 g	Mehl
500 g	Milch
3	Eier
½ TL	Salz
1 Msp.	Pfeffer

Zutaten:

250 g	Gouda, in Stücken
2	Zwiebeln, halbiert
30 g	Butter
800 g	Spinat, TK, portionierbar
1 TL	Salz
½ TL	Cayennepfeffer
1 Msp.	Muskat, gem.
150 g	Crème fraîche
1 Dose	stückige Tomaten (400 g)

Zubereitung:

- Zutaten für die Pfannkuchen in den Mixtopf geben und **40 Sek./Stufe 5** verrühren. Aus dem Teig in einer Pfanne mit etwas Öl oder Butter 7-8 Pfannkuchen backen. Mixtopf spülen.
- Käse in den Mixtopf geben und **15 Sek./Stufe 5** reiben. Umfüllen.
- Zwiebeln im Mixtopf **5 Sek./Stufe 5** zerkleinern. Butter zugeben und **TM31: 2 Min./Varoma/Stufe 1 (TM5: 3 Min./120°C/Stufe 1)** garen.
- Spinat und Gewürze in den Mixtopf hinzufügen und **7 Min./Varoma/Stufe 1** erhitzen.
- Crème fraîche in eine Auflaufform streichen. Nun im Wechsel die Pfannkuchen mit der Spinatmasse und den Tomaten, sowie mit der Hälfte des Käses schichten. Die letzte Schicht sollte Spinat sein.
- Auflauf mit der 2. Hälfte des Käses bestreuen und im vorgeheizten Backofen bei 180°C ca. 25-30 Min. backen.

Hirse-Pizzateig

2 Personen

Zutaten:

130 g	Hirse
300 g	Wasser
1 TL	Gemüsebrühe
2 EL	Speisestärke
2 EL	Mehl
35 g	Wasser
1 TL	Oregano
1 TL	Basilikum

diverse Zutaten zum Belegen

Zubereitung:

- Hirse, Wasser und Gemüsebrühe in den Mixtopf geben und **10 Min./100°C/Stufe 1** garen. Im Anschluss noch 15 Min. ziehen lassen. Achtung: Mixtopfdeckel nicht öffnen, sodass die Hitze noch im Topf bleibt.
- In der Zwischenzeit ein Pizzablech oder eine Springform ausfetten und bemehlen.
- Die restlichen Zutaten zur Hirse in den Mixtopf geben und **15 Sek./Stufe 4** verrühren.
- Den Teig nun in der Springform oder einem Blech glatt streichen und vor dem Belegen im vorgeheizten Backofen bei 200°C Heißluft ca. 7-10 Min. vorbacken.
- Den vorgebackenen Boden nach Wunsch belegen und je nach Belag zu Ende backen.

Ofengerichte

Tomaten-Flammkuchen

4 Portionen

Zutaten für den Teig:

180 g Wasser
½ Würfel Hefe
400 g Mehl
50 g Öl
1 TL Salz

Zutaten für den Belag:

50 g Parmesan, in Stücken
100 g Gouda, in Stücken
2 Zwiebeln, halbiert
1 EL Olivenöl
200 g Saure Sahne
1 Ei
1 TL Salz
¼ TL Pfeffer
250 g Cocktailtomaten
etwas Basilikumblätter

Zubereitung:

- Zutaten für den Teig in den Mixtopf geben und **1 Min./Teigstufe** kneten.
- Teig auf der gut bemehlten Arbeitsfläche auf die Größe eines Backblechs ausrollen. Das Backblech mit Backpapier belegen und Teig darauf geben.
- Parmesan und Gouda in den Mixtopf geben und **15 Sek./Stufe 5-6** reiben. Umfüllen.
- Zwiebeln in den Mixtopf geben und **5 Sek./Stufe 5** zerkleinern.
  Öl zugeben und **TM31: 2 Min./Varoma/Stufe 1 (TM5: 3 Min./120°C/Stufe 1)** dünsten. Saure Sahne, Ei, Salz und Pfeffer zugeben und
  5 Sek./Stufe 4 vermengen.
- Masse auf dem Teig verstreichen. Cocktailtomaten halbieren und mit der Schnittfläche nach oben auf dem Teig verteilen. Mit geriebenen Käse bestreuen.
- Flammkuchen im vorgeheizten Backofen bei 200°C Heißluft ca. 15-20 Min. backen.
- Vor dem Servieren mit Basilikumblättern bestreuen.

Schnelle Frühlingsrollen

4 Portionen
(8 Rollen)

Zutaten:

200 g	Weißkraut, in Stücken
100 g	Karotten, in Stücken
50 g	Frühlingszwiebeln, in Stücken
½ TL	Ingwer gem.
½ TL	Koriander gem.
½ TL	Salz
½ TL	Zucker
1 Prise	Weißen Pfeffer
20 g	Öl
100 g	Glasnudeln (mit einer Schere in ca. 3 cm lange Stücke geschnitten)
150 g	Wasser, sehr heiß
1 P.	Blätterteig

Zubereitung:

- Ofen auf 200°C Heißluft vorheizen.
- Alle Zutaten (außer Glasnudeln, Wasser, Blätterteig) in den Mixtopf geben, **5 Sek./Stufe 5** zerkleinern und **TM31: 3 Min./Varoma/Stufe 1 (TM5: 4 Min./120°C/Stufe 1)** dünsten.
- Glasnudeln und Wasser zugeben und **4 Min./ /100°C/Stufe 2** ohne MB garen. (Dabei hin und wieder den Spatel als Rührhilfe einsetzen).
- Zum Schluss alles nochmal **5 Sek./ /Stufe 5** vermischen.
- Den Blätterteig auf einer bemehlten Arbeitsfläche ausrollen, bis man fast durchsieht und in 8 Rechtecke schneiden. In die Mitte eine Portion Füllung geben und aufrollen. Am Rande etwas festdrücken.
- Die Frühlingsrollen gut mit Öl bestreichen und auf einen mit Backpapier belegten Backrost legen.
- Im vorgeheizten Backofen ca. 12 Min. backen.

Tipp: Die Frühlingsrollen genießt man am Besten mit Sojasauce oder Sambal Oelek

Ofengerichte

Gefüllte Paprika

4 Portionen

Zutaten:

60 g	Parmesan, in Stücken
150 g	Frühlingszwiebeln, in Stücken
150 g	Zucchini, in Stücken
100 g	Champignons, halbiert
20 g	Öl
130 g	Basmatireis
300 g	Wasser
1 EL	Gemüsebrühe
2 EL	Tomatenmark
1 TL	italienische Kräuter
1 TL	Salz
1 Prise	Pfeffer
4	Paprika, ausgehöhlt

(falls die Paprika recht groß sind nur 3 Stück)

Zubereitung:

- Parmesan in den Mixtopf geben und **8 Sek./Stufe 10** mahlen und umfüllen.
- Frühlingszwiebeln, Zucchini und Champignons in den Mixtopf geben und **5 Sek./Stufe 5** mixen. Öl hinzufügen, **TM31: 4 Min./Varoma/ /Stufe 1 (TM5: 4 Min./120°C/ /Stufe 1)** dünsten.
- Reis, Wasser, Gemüsebrühe und Tomatenmark hinzufügen und **15 Min./100°C/ /Stufe 1** kochen.
- Salz, Pfeffer und Kräuter zugeben und **30 Sek./ /Stufe 2** unterrühren.
- Paprikaschoten am besten in eine Auflaufform stellen, mit der Masse befüllen und mit dem geriebenen Parmesan bestreuen.
- Im vorgeheizten Backofen bei 180°C Heißluft ca. 25 Min. backen.

Zucchini-Mascarpone-Sauce

je 2 Portionen

Zutaten:

1	kl. Knoblauchzehe
100 g	Zucchini, in Stücken
1 TL	Olivenöl
250 g	Mascarpone
50 g	Weißwein
1 TL	Gemüsebrühe
1 Prise	Pfeffer

Zubereitung:

- Knoblauchzehe in den Mixtopf geben und **3 Sek./Stufe 5** zerkleinern.
- Die Zucchini zugeben und nochmal **3 Sek./Stufe 5** zerkleinern. Öl zugeben und **TM31: 3 Min./Varoma/Stufe 1 (TM5: 4 Min./120°C/Stufe 1)** andünsten.
- Restliche Zutaten hinzufügen und **4 Min./Varoma/Stufe 2** aufkochen.

Gemüse-Bolognese

Zutaten:

100 g	Zucchini, in Stücken
100 g	Paprika, in Stücken
20 g	Rotwein
1 Dose	stückige Tomaten (400 g)
20 g	Sojagranulat
100 g	Wasser
Je ½ TL	Thymian, Oregano, Basilikum, Cayennepfeffer, Salz

Zubereitung:

- Zucchini und Paprika in den Mixtopf geben und **2 Sek./Stufe 5** zerkleinern.
- Restliche Zutaten hinzufügen und **15 Min./100°C/Stufe 1** kochen.

Türkische Käsespätzle

4 Portionen

Zutaten:

Für die Spätzle:
- 400 g Tomaten, in Stücken
- ½ TL Basilikum, getrocknet
- 500 g Mehl, Type 405
- 5 Eier
- 1 TL Salz
- 1 TL Backpulver

Weitere Zutaten:
- 150 g Feta, in Stücken
- 150 g Gouda, in Stücken
- 3 Zwiebeln
- 1 Knoblauchzehe
- 200 g Zucchini, in Stücken
- 1 Rote Paprikaschote, in Stücken
- 1 EL Olivenöl
- 1 Prise Salz
- 1 Prise Pfeffer

Zubereitung:

- Zutaten für die Spätzle in den Mixtopf geben und **30 Sek./Stufe 4** verrühren.
- Mehl vom Mixtopfrand mit Spatel entfernen und weitere **30 Sek./Stufe 4** zu einem Teig verarbeiten. (Achtung: Je nach Reifegrad der Tomaten muss ggf. noch etwas Wasser hinzugefügt werden. Der Teig sollte Blasen bilden und sich wie ein dicker Brei aus dem Mixtopf schütten lassen.)
- Teig umfüllen und Mixtopf spülen.
- Den fertigen Teig mit Hilfe eines Spätzlehobels in einen Topf mit kochendem Wasser schaben. Die Spätzle sind fertig, wenn sie an der Wasseroberfläche schwimmen. Die fertigen Spätzle in eine große Auflaufform geben und bei 100°C im Ofen warm halten.
- Gouda in den Mixtopf geben und **15 Sek./Stufe 5** zerkleinern. Feta per Hand zerbröckeln und mit dem geriebenen Gouda unter die Spätzle mischen.
- Zwiebeln und Knoblauch in den Mixtopf geben und **3 Sek./Stufe 5** zerkleinern.
- Zucchini und Paprika zugeben und **2 Sek./Stufe 5** zerkleinern.
- Öl, Salz und Pfeffer zur Gemüsemischung geben, **TM31: 5 Min./Varoma/Stufe 1 (TM5: 5 Min./120°C/Stufe 1)** dünsten und über die Spätzle geben.

Älplermagronen

2 Portionen

Zutaten:

200 g	Hartkäse, in Stücken (Gruyere o.ä.)
400 g	Kartoffeln, geschält in 3 cm große Würfel geschnitten
1000 g	Wasser
1 TL	Salz
200 g	Nudeln (Penne rigate o.ä. Teigwaren mit einer Kochzeit von 8-9 min.)
3	Zwiebeln
200 g	Sauerrahm
1 Prise	Pfeffer

Apfelmus als Beilage

Zubereitung:

- Käse in Stücken in den Mixtopf geben und **20 Sek./Stufe 5** reiben. Umfüllen.
- Wasser und Salz in den Mixtopf geben und **8 Min./100°C/Stufe 1** aufkochen.
- Kartoffeln und Nudeln hinzufügen und **9 Min./100°C/ /Sanftstufe** garen.
- In der Zwischenzeit Zwiebeln in Ringe schneiden in einer Pfanne mit Öl goldbraun rösten.
- Kartoffeln und Nudeln in ein Sieb geben und gut abtropfen lassen.
- Sauerrahm, Käse und Pfeffer in den Mixtopf geben und **5 Min./80°C/Stufe 2** erwärmen. Kartoffeln und Nudeln wieder zugeben und **20 Sek./ /Stufe 2** vermischen.
- Zum Servieren die goldbraunen Zwiebelringe über die Älplermagronen streuen. Traditionell werden Älplermagronen mit Apfelmus oder -kompott serviert.

Variante aus dem Backofen:
Wer dieses Gericht gerne für Gäste vorbereiten möchte, nimmt statt 200 g Sauerrahm, 100 g Sahne und 150 g Milch und nur die Hälfte des Käses und verfährt genau wie oben beschrieben. Die fertigen Älplermagronen in eine Auflaufform füllen, die Zwiebeln darüber streuen und mit der 2. Hälfte des Käses bestreuen. Bei 175°C ca. 15 Min. überbacken.

Gnocchi à la Ratatouille

4 Portionen

Zutaten:

2	rote Zwiebeln, halbiert
2	Knoblauchzehen
je 2	Thymian- und Oreganozweige
35 g	Olivenöl
150 g	Zucchini
180 g	Aubergine
250 g	Paprika (rot und gelb)
200 g	Kirschtomaten
30 g	Balsamicoessig, dunkel
400 g	passierte Tomaten
etwas	Salz & Pfeffer
500 g	Gnocchi (Kühlregal)
2 EL	Butter

Zubereitung:

- Zwiebel, Knoblauchzehen und Kräuter im Mixtopf **5 Sek./Stufe 6** zerkleinern. Olivenöl zugeben und **TM31: 2 Min./Varoma/Stufe 1 (TM5: 3 Min./120°C/Stufe 1)** dünsten.
- Zucchini, Aubergine und Paprika in ca. 1,5 cm große Stücke schneiden. Kirschtomaten halbieren. Gemüse in den Mixtopf geben.
- Balsamicoessig, passierte Tomaten sowie etwas Salz und Pfeffer zugeben und das Ganze **20 Min./100°C/Sanftrührstufe** einkochen.
- In der Zwischenzeit die Gnocchis mit Butter in einer Pfanne anbraten.
- Alles zusammen servieren.

Kartoffelknödel mit Sonnenblumenkernen

2 Portionen

Zutaten:

1 P.	Kartoffelknödel halb & halb (Pulver) für 6 Knödel
100 g	Sonnenblumenkerne
1 Bd.	Schnittlauch
4	Eier
700 g	Wasser
60 g	Butter
40 g	Mehl
150 g	Sahne
300 ml	Wasser
1 EL	Gemüsebrühe
1 EL	Mehl, gehäuft
1 TL	Senf

Tipp: Servieren Sie dazu Gurkensalat.

Zubereitung:

- Das Knödelpulver nach Packungsanweisung mit einem Schneebesen in Wasser einrühren und quellen lassen.
- 70 g Sonnenblumenkerne **8 Sek./Stufe 10** mahlen.
- Schnittlauch zugeben und **3 Sek./Stufe 8** zerkleinern.
- Knödelteig und restliche Sonnenblumenkerne hinzufügen und **20 Sek./Stufe 4** mit Hilfe des Spatels vermengen. Teig in eine Schüssel füllen und Mixtopf spülen.
- Mit nassen Händen kleine Knödel (6-8 Stück) formen und in den gefetteten Varoma geben. (Die Hälfte unten in den Varoma legen und die andere Hälfte in den Einlegeboden).
- 700 g Wasser in den Mixtopf geben, Varoma mit den Knödeln aufsetzen und **25 Min./Varoma/Stufe 1** garen. Achtung: Bei einer Restzeit von 14 Min. das Garkörbchen mit den 4 Eiern einsetzen und fertig garen.

Für die Sauce:

- Butter und Mehl im Mixtopf **3 Min./100°C/Stufe 1** anschwitzen.
- Sahne, Wasser und Gemüsebrühe zugeben und **2 Min./100°C/Stufe 3** aufkochen.
- Mehl und Senf hinzufügen und weitere **2 Min./100°C/Stufe 2** aufkochen.
- Zum Servieren die Knödel auf einem Teller anrichten, Sauce darübergeben, das Ei mit einem Messer hacken und darüber streuen.

Kartoffelcurry mit Pfirsich

3 Portionen

Zutaten:

400 g	Kartoffeln
3	Paprikaschoten, je 1 rot, grün, gelb
50 g	Frühlingszwiebeln
1 TL	Salz
500 g	Wasser
1	Zwiebel, halbiert
20 g	Margarine
2 TL	Curry
1 EL	Mehl, gehäuft
250 g	Gemüsebrühe
150 g	Sojasahne
1 Prise	Salz
1 Prise	Pfeffer
1 kl. Dose	Tortenpfirsiche, halbiert (Abtr.gew. 250 g)

Zubereitung:

- Kartoffeln und Paprika in mundgerechte Stücke schneiden.
- Frühlingszwiebeln in 1 cm breite Scheiben schneiden.
- Wasser und Salz in den Mixtopf geben, Garkörbchen einhängen und Kartoffelstücke hineingeben. Paprika und Lauchzwiebeln in den Varoma geben und aufsetzen. Nun alles **18 Min./Varoma/Stufe 1** garen.
- Varoma und Garkörbchen beiseite stellen und Mixtopf leeren.
- Zwiebel in den Mixtopf geben und **5 Sek./Stufe 5** zerkleinern.
- Margarine und Curry zugeben und **2 Min./100°C/Stufe 1** anschwitzen.
- Mehl hinzugeben und nochmals **2 Min./100°C/Stufe 1** anschwitzen lassen.
- Mit Gemüsebrühe ablöschen, Sahne, Salz und Pfeffer hinzu und **5 Min./90°C/Stufe 2** aufkochen.
- Gemüse und Pfirsiche hinzugeben und **1 Min./80°C/ /Stufe 2** evtl. mit Hilfe des Spatels verrühren.

Vegetarisches Nasi-Goreng

2 Portionen

Zutaten:

100 g	Karotten, in Stücken
80 g	grüne Paprikaschote, in Stücken
80 g	rote Paprikaschote, in Stücken
60 g	Frühlingszwiebeln, in Stücken
800 g	Wasser
160 g	Reis
2	Knoblauchzehen
1 TL	Ingwer, gem.
2	Eier
2 TL	Sambal Oelek
2 EL	Sojasauce
1 Prise	Salz
1 Prise	Pfeffer

Zubereitung:

- Karotten, Paprika und Frühlingszwiebeln in den Mixtopf geben, **2 Sek./Stufe 5** zerkleinern und in den Varoma füllen.
- Den Reis in das Garkörbchen einwiegen und unter laufendem Wasser waschen.
- Wasser in den Mixtopf füllen, Garkörbchen mit Reis einsetzen, Varoma aufsetzen und **20 Min./Varoma/Stufe 1** garen.
- Reis und Varoma mit dem Gemüse beiseite stellen und Mixtopf leeren.
- Knoblauchzehen in den Mixtopf geben und **3 Sek./Stufe 5** klein hacken.
- Restliche Zutaten hinzugeben und **10 Sek./Stufe 4** vermischen.
- Etwas Öl in einer Pfanne erhitzen und den Reis zusammen mit dem Gemüse kurz anbraten.
- Dann die Eiermischung darübergießen, kurz stocken lassen, umrühren und servieren.

Wildreisnuggets auf Gemüsebett

4 Portionen

Zutaten:

520 g	Wasser, lauwarm
200 g	Wildreismischung (z.B. Basmati und Wildreis)
1 TL	Gemüsebrühe
80 g	Zwiebeln, halbiert
2	Eier
2 EL	Paniermehl
250 g	Karotten, in Stücken
1	Lauch, in dünnen Scheiben
25 g	Öl
1-2 TL	Sahnemeerrettich
100 g	Crème fraîche
1 Prise	Salz
1 Prise	Pfeffer

Zubereitung:

- Wasser, Reis und Brühe in den Mixtopf geben **17 Min./100°C/ /Sanftrührstufe** garen. Umfüllen (Ggf. restliches Wasser absieben) und 10 Min. abkühlen lassen.
- Zwiebel in den Mixtopf geben und **3 Sek./Stufe 5** zerkleinern.
- Eier und Paniermehl zufügen und **5 Sek./Stufe 5** verrühren.
- Reis hinzugeben und **20 Sek./ /Stufe 2** vermischen.
- Aus der Masse mit feuchten Händen kleine Nuggets formen und in einer Pfanne mit etwas heißem Öl 5-8 Min. anbraten.
- Karotten **6 Sek./Stufe 5** zerkleinern. Lauch und Öl hinzugeben und **TM31: 6 Min./Varoma/Stufe 1 (TM5: 6 Min./120°C/Stufe 1)** dünsten.
- Die restlichen Zutaten **15 Sek./ /Stufe 2** unterrühren.

Reistaler mit Weinbrandsauce

4 Portionen

Zutaten:

520 g	Wasser, lauwarm
200 g	Wildreismischung (z.B. Basmati und Wildreis)
1 EL	Gemüsebrühe
1	grüne Paprikaschote
2	Tomaten
80 g	Mais (Dose)
1 TL	Salz
½ TL	Pfeffer
4	Eier
30 g	Mehl

Für die Sauce:

40 g	Mayonnaise
30 g	Tomatenketchup
80 g	Crème fraîche
1 TL	Weinbrand
1 Prise	Salz
1 Prise	Pfeffer

Zubereitung:

- Wasser, Reis und Brühe in den Mixtopf geben **17 Min./100°C/ /Sanftstufe** garen.
- Umfüllen (ggf. restliches Wasser absieben) und 10 Min. abkühlen lassen.
- In der Zwischenzeit von den Tomaten das Kernhaus und von der Paprika den Strunk entfernen. Beides in kleine Würfel schneiden, dabei 2 EL der Paprikawürfel beiseite legen.
- Nach Ende der Garzeit Tomaten, Paprika und alle restlichen Zutaten für die Taler zum Reis in den Mixtopf geben und **5 Sek./ /Stufe 4** vermengen. Umfüllen und Mixtopf spülen.
- Aus der Masse kleine Puffer formen und in einer Pfanne mit heißem Öl goldbraun braten.
- Die Zutaten für die Sauce **10 Sek./ /Stufe 3** vermischen und zu den Talern servieren.

Reisgerichte

Indische Linsen mit Duftreis

4 Portionen

Zutaten:

1	gr. Zwiebel, halbiert
1	Knoblauchzehe
1 St.	Ingwer (ca. haselnussgroß)
1 EL	Öl
250 g	Linsen, rote
500 g	Wasser
2 TL	Salz
1 TL	Kurkuma
1 TL	Cayennepfeffer
1 Dose	stückige Tomaten (400 g)
50 g	Crème fraîche
1 TL	Koriander
250 g	Duftreis
750 g	Wasser

Zubereitung:

- Zwiebel, Knoblauchzehe und Ingwer in den Mixtopf geben und **3 Sek./Stufe 5** zerkleinern.
- Öl zugeben und **TM31: 2 Min./Varoma/Stufe 1 (TM5: 3 Min./120°C/Stufe 1)** dünsten.
- Linsen, Wasser, Salz, Kurkuma und Cayennepfeffer zufügen und **13 Min./100°C/Sanftstufe** kochen.
- Tomaten, Crème fraîche und Koriander hinzugeben und **3 Min./100°C/ /Stufe 1** erhitzen.
- Die fertigen indischen Linsen in einen Kochtopf mit Deckel umfüllen. Mixtopf spülen.
- Den Reis in das Garkörbchen einwiegen und unter laufendem Wasser waschen.
- Wasser in den Mixtopf füllen, Garkörbchen mit Reis einsetzen und **22 Min./Varoma/Stufe 1** kochen.
- Ein paar Minuten bevor der Reis fertig ist, einfach die Linsen am Herd nochmal erwärmen und zum Reis servieren.

Tofu Stroganoff

2 Portionen

Zutaten:

2	rote Zwiebeln, halbiert
150 g	Cornichons
250 g	Champignons, frisch, halbiert
10 g	Öl
25 g	Tomatenmark
200 g	Tofu, in Streifen geschnitten
1 TL	Zitronensaft
150 g	Wasser
1 TL	Gemüsebrühe
1 EL	Mehl
1 TL	Senf, mittelscharf
80 g	Sahne
1 Prise	Pfeffer
1 Prise	Paprika, edelsüß

Zubereitung:

- Zwiebeln, Cornichons und Champignons in den Mixtopf geben und **2 Sek./Stufe 5** zerkleinern. Öl und Tomatenmark hinzugeben und **TM31: 2 Min./Varoma/ /Stufe 1 (TM5: 3 Min./120°C/ /Stufe 1)** dünsten.
- Den Tofu mit Salz und Pfeffer würzen und in einer Pfanne mit Öl anbraten, bis er sich bräunlich färbt. Zitronensaft, Wasser und Gemüsebrühe zugeben und **5 Min./100°C/ /Sanftrührstufe** kochen.
- Den angebratenen Tofu zugeben und nochmal **3 Min./100°C/ /Stufe 1** erhitzen.
- Mehl, Senf, Sahne und Gewürze zufügen kurz mit dem Spatel durchrühren und weitere **1 Min./100°C/ /Stufe 1** aufkochen.

Tipp: Zusammen mit Naturreis, Ebly, Bulgur oder Hirse servieren.

Maghmour-Auberginenintopf

2-3 Portionen

Zutaten:

3	Zwiebeln, halbiert
2	Knoblauchzehen
100 g	Auberginen, in Würfel geschnitten
1 TL	Salz
10 g	Olivenöl
1 Dose	Kichererbsen (400 g)
1 Dose	stückige Tomaten (400 g)
10 g	Tomatenmark
180 g	Wasser
1 Prise	Pfeffer

Zubereitung:

- Zwiebeln und Knoblauch in den Mixtopf geben und **3 Sek./Stufe 5** zerkleinern.
- Die Auberginen, Salz und Öl hinzugeben und **TM31: 3 Min./Varoma/Stufe 1 (TM5: 4 Min./120°C/Stufe 1)** dünsten.
- Restliche Zutaten zugeben und **15 Min./100°C/** **/Stufe 1** kochen.

Tipp: Dazu isst man am besten Fladenbrot oder Baguette. Nach Belieben kann man auch etwas Schmand oder Crème fraîche dazu servieren.
Eignet sich auch gut als Pastasauce.
(Falls was übrig bleibt hat man schon ein Gericht für den nächsten Tag).

Chili con carne

4 Portionen

Zutaten:

2	kl. Zwiebeln, halbiert
1 EL	Öl
200g	rote Paprikaschoten, in Stücken
1 Dose	stückige Tomaten (400 g)
30 g	Tomatenmark
1 TL	Salz
1 TL	Cayennepfeffer
50 g	Sojagranulat
200 g	Wasser
2 Dosen	Kidneybohnen (à 420 g)
1 Dose	Mais (300 g)

Zubereitung:

- Zwiebeln in den Mixtopf geben und **3 Sek./Stufe 5** zerkleinern.
- Öl dazugeben und **TM31: 3 Min./Varoma/Stufe 1 (TM5: 4 Min./120°C/Stufe 1)** andünsten.
- Paprika dazu und **3 Sek./Stufe 5** zerkleinern.
- Alle restlichen Zuaten bis auf die Bohnen und den Mais in den Mixtopf geben und **6 Min./100°C/Stufe 1** kochen.
- Bohnen und Mais (abgetropft) hinzufügen und **20 Sek./ /Stufe 3** mit Hilfe des Spatels verrühren.
- Nun alles nochmal **5 Min./100°C/Stufe 2** erhitzen.

Tipp: Dazu einfach frisches Baguette oder grünen Salat reichen. Wer es gerne sehr scharf möchte, kann beliebig nachwürzen.

Eintöpfe

Saftiger Kirschauflauf

4 Portionen

Zutaten:

4	Eiweiße
1 Prise	Salz
120 g	Weiche Butter
150 g	Zucker
1 P.	Vanillezucker,
4	Eigelbe
200 g	Semmelbrösel
50 g	Mandeln, ganz
1 TL	Zimt
2 EL	Kirschwasser oder Amaretto
720 g	Kirschen (frisch oder aus dem Glas 2x 360 g)

Zubereitung:

- Eiweiße und Salz mit Rühraufsatz **2 Min./Stufe 4** steif schlagen. Rühraufsatz entfernen und das Eiweiß in eine große Schüssel umfüllen.
- Butter, Zucker, Vanillezucker in den Mixtopf geben und **30 Sek./Stufe 4** schaumig rühren.
- Eigelbe hinzufügen und **20 Sek./Stufe 3** verrühren.
- Mandeln hinzugeben und **6 Sek./Stufe 6** zerkleinern.
- Semmelbrösel, Zimt und Kirschwasser (Amaretto) zufügen und **15 Sek./Stufe 3** vermischen.
- Eiweiß mit Hilfe des Spatels **5 Sek./Stufe 3** unterheben.
- Die Masse wieder in die Schüssel füllen, die Kirschen hinzugeben und mit einem Esslöffel alles vorsichtig vermengen.
- Auflaufform mit Butter einfetten und mit Semmelbrösel ausstreuen.
- Die Masse in die Auflaufform geben und im vorgeheizten Backofen bei 200°C Ober-/Unterhitze ca. 45 Min. backen.

 Tipp: Wer möchte kann eine Vanillesauce dazu servieren: 200 g Milch, 1 Eigelb, 20 g Vanillezucker (selbstgemacht), 1 gehäufter EL Speisestärke. Alles zusammen **3:30 Min./90°C/Stufe 1** kochen.

Apfelwaffeln mit Kirschsauce

4-5 Portionen

Zutaten:

Für den Teig:
- 1 gr. Apfel, geschält, in Stücken
- 130 g Margarine
- 90 g Zucker
- 1 P. Vanillezucker
- 3 Eier
- 250 g Mehl
- 250 g Milch
- ½ P. Backpulver

Für die Sauce:
- 1 Glas Sauerkirschen
- 1 TL Vanillezucker
- 30 g Zucker
- 1 EL Speisestärke

Zubereitung:

- Apfelstücke im Mixtopf **3-5 Sek./Stufe 4** zerkleinern.
- Restliche Zutaten für den Teig zugeben und **30 Sek./ /Stufe 5** verrühren.
- Aus dem Teig in einem Waffeleisen die Apfelwaffeln backen.
- Mixtopf spülen.
- Zutaten für die Sauce in den Mixtopf geben und **7 Min./100°C/ /Stufe 2** kochen.

Süßspeisen

Paranussbraten im Blätterteigmantel

8 Portionen

Zutaten:

Füllung 1:
- 400 g   Nüsse (Paranüsse)
- 250 g   Brot, in Stücken
- 2   gr. Zwiebeln, halbiert
- 50 g   Butter
- ½ TL   Thymian
- 3 EL   Zitronensaft
- 2   Eier
- 1 Prise Muskat, gem.
- 1 Prise Nelken, gem.
- 1 Prise Zimt, gem.
- 1 Prise Salz
- 1 Prise Pfeffer

Füllung 2:
- 20 g   Petersilie
- 250 g   Toastbrot oder anderes Weißbrot
- 1 EL   Zitronensaft
- 1 TL   Thymian
- 1 TL   Majoran
- 75 g   Butter, weich
- 1 Prise Salz
- 1 Prise Pfeffer

- 1 P.   Blätterteig (275 g)
- Div. Beilagen